AF454908

Épreuve.

CONSEIL D'ÉTAT.

DISCUSSION DU PROJET DE CODE CIVIL.

N.° 10.

SÉANCE du 16 Fructidor, an 9 de la République.

LE PREMIER CONSUL préside la séance.

Les deux autres Consuls sont présens.

Le C. EMMERY présente au Conseil le titre intitulé, *du Domicile.*

Les articles I.er et II sont soumis à la discussion; ils sont ainsi conçus :

Art. I.er « Les conditions et les effets du domicile, » relativement à l'exercice des droits et des actions » civiles, dépendront uniquement de la loi civile. »

Art. II. « Le domicile, considéré sous ce rapport, » sera, pour tout individu français, le lieu où il a son » principal établissement. »

Le CONSUL CAMBACÉRÉS dit qu'il n'est peut-être pas exact de donner deux domiciles au même individu.

Le C. EMMERY répond qu'autrefois on en distinguait deux; l'un de droit, l'autre de fait; que les rédacteurs du projet de Code civil ont aussi distingué le domicile politique du domicile civil; et la section, pour ne laisser aucune équivoque, propose de décider que le domicile civil sera réglé par la loi civile.

Le C. TRONCHET dit qu'en principe chaque individu

A

n'a qu'un domicile, quoiqu'il puisse avoir plusieurs résidences : il est utile de rappeler et de poser d'abord ce principe. Au surplus, il ne s'agit ici que du domicile civil ; le domicile politique est hors du Code civil. Le principal intérêt des questions de domicile portait autrefois sur les successions à cause de la diversité des coutumes locales ; désormais les questions de domicile ne s'éleveront plus que relativement aux actions, et pour savoir devant quel juge elles doivent être intentées : or, sous ce rapport, un individu ne peut avoir qu'un domicile ; tous les autres lieux qu'il habite tour-à-tour, ne sont que de simples résidences.

Le C. EMMERY dit que la section n'a voulu déterminer qu'un point dans cet article, c'est que le domicile civil n'est pas essentiellement le même que le domicile politique : l'unité du domicile est établie par l'article suivant. Si cependant on veut l'exprimer d'une manière plus formelle, c'est à l'article II que se place naturellement la définition : la section ne l'a supprimée que pour éviter les répétitions.

Le C. TRONCHET dit qu'il ne faut pas négliger les définitions : elles sont utiles, parce qu'elles deviennent des lois auxquelles les juges doivent se conformer. Il convient donc d'établir une distinction formelle entre le domicile et la résidence, puis de fixer les caractères du domicile.

La règle du droit est certaine : les lois appellent domicile, le lieu où un individu a établi *larem rerumque ac fortunarum suarum summam.* Il n'y a jamais eu de procès et de questions que sur le fait. Lorsqu'un citoyen avait plusieurs habitations également importantes et qu'il se partageait entre elles, on pouvait douter dans laquelle il avait fixé son domicile. Alors on recourait aux actes qu'il avait souscrits, parce que la déclaration du domicile y était insérée : mais souvent cette formule, *demeurant ordinairement,* était appliquée à plusieurs lieux dans les divers actes, et le juge demeurait embarrassé. C'était pour prévenir de semblables difficultés que les rédacteurs du projet de Code civil avaient proposé de décider que le principal établissement d'un citoyen est là où il exerce ses droits politiques. Tout citoyen actif ayant nécessairement une résidence, la règle avait ses effets à l'égard du plus grand nombre. Cependant la commission ne s'était pas dissimulé que cette règle ne recevrait pas d'application à l'égard d'un certain nombre d'individus qui ne peuvent avoir de domicile politique ; telles sont, par exemple, les femmes non mariées ou divorcées : mais du moins cette disposition faisait tomber la plupart des procès. La section, pour les extirper entièrement, voudrait obtenir de chacun un acte déclaratif du domicile qu'il se choisit. Cette disposition serait bonne si l'on pouvait imaginer des moyens d'en assurer l'exécution ; mais il n'en existe pas, et dès-lors elle laisserait subsister toutes les difficultés qu'on se propose de faire cesser. La règle simple que les rédacteurs du Code civil ont proposée, paraît donc préférable.

Le C. EMMERY dit que les réclamations des tribunaux ont beaucoup contribué à déterminer la section à s'écarter de l'opinion des rédacteurs. Elle a discuté leur système, et elle a reconnu qu'outre l'inconvénient de ne pouvoir être appliqué qu'aux citoyens actifs, il présente des difficultés qui le rendraient inapplicable même à une partie des personnes de cette classe. En effet, l'art. II de la Constitution reconnaît pour citoyen français, tout homme qui, né en France et âgé de vingt-cinq ans, s'est fait inscrire sur le registre civique de son canton. L'article VI cependant ne lui permet l'exercice des droits de cité dans un arrondissement communal que lorsqu'il y a acquis domicile par une année de résidence et ne l'a pas perdu par une année d'absence. Il peut donc arriver qu'un individu soit citoyen français sans avoir de domicile politique. Il en est ainsi de celui qui se trouve inscrit dans un arrondissement et qui après avoir établi son domicile dans un autre, le quitte sans en reprendre un nouveau, ou sans l'avoir encore acquis. D'où il suit que les contestations sur le domicile politique deviendraient des incidens dans les procès sur le domicile civil, et que les tribunaux en demeureraient les juges ; ce qui peut n'être pas sans inconvénient. Cette considération a porté la section à faire la part de la loi politique et celle de la loi civile. Quant à la preuve de l'intention, c'est toujours une question de fait qui dépend des circonstances. La section n'exige pas une déclaration pour preuve ; mais elle propose de décider que quand cette déclaration existera, elle fera preuve : à défaut de ce genre de preuve, on recourrait aux circonstances de la manière spécifiée dans l'article VI du Projet.

Le C. TRONCHET réduit la question à savoir, s'il

A 2

faut sur le domicile une seule règle commune à tous, ou si l'on doit en admettre plusieurs.

Il pense qu'une seule suffit, et qu'en décidant qu'un individu a son domicile civil au lieu où il est inscrit pour exercer ses droits politiques, on fait tomber cette foule de difficultés que la section avoue elle-même, puisqu'elle propose diverses mesures pour reconnaître l'intention. Il resterait, il est vrai, des doutes, à l'égard d'une partie des citoyens : mais ce serait beaucoup obtenir que de les faire cesser à l'égard du plus grand nombre.

On objecte que l'inscrit peut changer de domicile, et que, d'après l'article VI de la Constitution, il n'acquiert de domicile nouveau que par une résidence d'une année.

Mais le domicile peut être formé en une heure, si l'intention n'a rien d'équivoque. Que cette circonstance ne donne qu'après un an la faculté d'exercer les droits de cité dans le domicile nouveau, c'est une précaution sage pour prévenir les fraudes et les brigues; cependant il n'en est pas moins constant que le domicile est formé aussitôt que l'intention et le fait de la résidence concourent pour l'établir.

Le C. EMMERY observe que la Constitution exige si impérieusement une année de résidence pour acquérir le domicile politique, qu'il est impossible de supposer qu'on puisse en changer en une heure.

Il ajoute qu'on peut être citoyen actif, sans avoir, pendant toute sa vie, de domicile politique. Cependant, où traduirait-on un individu qui serait dans cette position, si son domicile politique et son domicile civil devaient être nécessairement le même! La Constitution à la main, il déclinerait tous les tribunaux.

Le C. RŒDERER dit que le système de la section ferait naître des procès innombrables. Il y aura toujours beaucoup de difficulté à distinguer où un homme a placé la masse de ses affaires. Par exemple, un citoyen nommé à une fonction importante à Paris, aura eu jusque-là sa famille et la masse de ses affaires dans un département. Persuadé qu'il sera conservé long-temps dans ses fonctions, il appelle auprès de lui sa femme et ses enfans; il vend la maison qu'il habitait dans le lieu de son domicile; où sera la masse de ses affaires!

Il y a même eu sur ce sujet des variations qui dépendaient des vues du Gouvernement. Quand on a voulu obliger les évêques à la résidence, on a jugé qu'ils étaient domiciliés dans leurs diocèses, quoiqu'ils fussent réellement établis à Paris. C'est cette variété qu'il faut faire cesser. Les rédacteurs du projet de Code civil en ont trouvé le moyen, en s'attachant fortement à une institution nouvelle, celle du domicile politique.

Quant au système de la section, il est en opposition évidente avec le texte, avec l'esprit, avec les lois organiques de la Constitution.

Lorsque la Constitution a voulu que chacun ne pût ni élire ni être élu que dans un lieu déterminé, elle a coupé la racine à une foule de procès sur le domicile, parce qu'elle a entendu que le domicile civil et le domicile politique seraient le même. Pourquoi, en effet, exige-t-elle un domicile politique? C'est afin que chacun soit connu dans le lieu où il exerce les droits de cité; c'est pour empêcher les intrigans repoussés par ceux sous les yeux desquels ils vivent, de parcourir successivement les lieux où, à la faveur d'une résidence passagère, ils pourraient espérer plus de succès de leurs brigues. On n'est parfaitement connu que là où l'on est toujours, que là où l'on a ses affaires.

Mais, dit-on, beaucoup d'individus, les femmes, les mineurs, n'ont pas de domicile politique.

Leur domicile n'en est pas moins certain : ils partagent celui de leur père, de leur mari, de leur tuteur. Ne reste donc plus que le prolétaire. Mais son domicile est au lieu où est son titre de Français.

Le C. REGNAUD (de Saint-Jean-d'Angely) pense que le système de la section embarrasserait les juges. La section leur offre trois caractères, dont chacun indique le domicile. Mais si ces trois caractères se trouvent séparés, auquel s'arrêtera le tribunal? Un individu peut être né dans un arrondissement, exercer ses droits politiques dans un autre, et payer ses contributions personnelles dans un troisième : laquelle de ces circonstances prévaudra? On l'ignore: les tribunaux décideront donc arbitrairement. Ce serait un scandale s'ils préféraient un indice quelconque à celui qu'offre l'exercice des droits politiques. Le système du C. *Tronchet*, beaucoup plus simple, écarte l'arbitraire et les embarras. S'il ne s'applique pas à tous, il s'applique du moins au plus grand nombre.

Le C. PORTALIS voudrait aussi qu'on pût arriver

à découvrir une règle unique et simple; mais celle qu'on propose ne préviendrait les procès ni à l'égard des veuves, ni à l'égard des filles, ni à l'égard des étrangers, ni à l'égard des individus non inscrits sur le registre civique, ni par conséquent à l'égard d'une portion considérable de la masse des Français.

En examinant la proposition sous le nouveau rapport qu'elle a été envisagée, sous son rapport moral, on y trouvera également de grandes difficultés.

Il est dans l'esprit de la Constitution, a-t-on dit, de fixer chacun dans le lieu où il est connu.

Forcer la résidence, ce serait blesser la liberté.

On doit être aussi libre dans le choix et dans le changement de son domicile, que dans ses autres actions. D'ailleurs, à quoi servirait la contrainte ! L'ambitieux qui voudra se faire élire, ira s'inscrire dans une petite commune où il croira pouvoir parvenir avec plus de facilité, et cependant établira le centre de ses affaires dans une ville plus considérable, plus populeuse, et où il travaillera mieux à sa fortune.

D'un autre côté, si celui qui s'est fait inscrire abandonnait son inscription, il pourrait être assigné dans un lieu où il ne serait plus, et avec lequel il n'aurait pas conservé de rapports.

Enfin, quand on voit un individu former dans un lieu un grand établissement, on ne soupçonne pas que c'est ailleurs et dans un petit lieu où il s'est fait inscrire, qu'il faut l'assigner.

Puisque, dans le système du C. *Tronchet*, on est forcé de respecter dans quelques-uns la liberté naturelle et civile de résider où l'on veut, pourquoi ne la respecterait-on pas dans tous ?

Le C. RŒDERER observe que la question n'est pas de savoir si chacun résidera où le conduira sa volonté ou son goût; la loi lui a déjà assuré cette liberté dans toute son étendue : mais il s'agit de décider si le domicile civil sera nécessairement où est le siége des affaires.

Le C. BOULAY dit qu'on tombe dans l'erreur lorsqu'on soutient que le système du C. *Tronchet* prévient les procès à l'égard de la majorité des Français; sur trente millions d'individus dont la nation se compose, quatre seulement sont aptes à jouir des droits de cité et à avoir un domicile politique.

A l'égard des fonctionnaires publics, ils ont le droit

de choisir ou de conserver leur domicile politique loin de leur résidence et dans un lieu où ils ne sont pas.

Le C. RŒDERER dit que personne n'a jamais eu le droit de se donner un domicile politique, idéal et purement de fantaisie; que quand les membres des autorités actuelles ont déclaré où ils voulaient établir le leur, ils ont entendu indiquer le lieu où ils se proposaient d'avoir leur existence civile.

Le C. BOULAY dit que l'intention constitue le domicile civil; qu'il faut ensuite le fait, qui n'exige qu'un instant; mais qu'il n'en est pas de même du domicile politique: il n'est constitué que par une résidence d'un an. Ainsi, si les deux domiciles étaient confondus, un individu pourrait être un an sans domicile civil.

Le PREMIER CONSUL dit qu'il ne voit aucun inconvénient à ce qu'un individu ne puisse acquérir de domicile civil qu'après le laps d'une année; qu'au surplus il est persuadé que la Constitution a voulu placer le domicile civil où est le domicile politique.

Le C. TRONCHET répond au calcul du C. *Boulay*. Il dit qu'on a trop resserré le nombre des citoyens actifs en le bornant à quatre millions; mais quand ce nombre serait exact, il faudrait reconnaître, d'après les règles de la statistique, que chacun de ces quatre millions de chefs de famille fixe le domicile de cinq personnes au moins.

Le C. CRETET dit qu'il n'y a pas d'inconvénient d'admettre une double règle pour la fixation du domicile, et qu'en l'adoptant on donne une règle fixe à tous les citoyens, ce qui est conforme à l'égalité; qu'en se réduisant à une règle unique, qui ne peut être appliquée à tous, on blesse l'égalité des droits, attendu qu'on règle l'action des tribunaux à l'égard des uns, et qu'on abandonne les autres à l'arbitraire.

Le système du C. *Tronchet* entraînerait des inconvéniens dans l'exécution: on peut avoir son domicile politique dans un lieu où l'on n'habite pas. Il suit de là qu'il serait quelquefois très-difficile de former une demande judiciaire. Le demandeur serait forcé d'abord de découvrir où est le domicile politique : or il est possible que la trace en soit perdue.

La proposition de déclarer que le domicile civil suit

toujours le domicile politique est mise aux voix et rejetée.

Le CONSUL CAMBACÉRÈS dit que la faculté de prendre un domicile d'élection répond aux difficultés que prévoit le C. *Cretet.*

Le C. TRONCHET dit que l'article en discussion abolirait cette faculté.

Le C. EMMERY dit que cet article se borne à mettre le domicile civil sous l'empire de la loi civile, sans rien préjuger sur ce qu'elle statuera ; que le Code de la procédure, faisant partie des lois civiles, pourra déterminer à quel domicile les assignations seront valablement données.

Le PREMIER CONSUL dit qu'à proprement parler, il n'y a pas de domicile politique; qu'il n'y a que la détermination d'un lieu où chacun exerce ses droits de cité pendant un an; que l'article I.er contrarie cette idée, en supposant qu'il y a un domicile politique; qu'il convient donc de le retrancher.

Le MINISTRE DE LA JUSTICE observe que tout serait expliqué, si l'article II était rédigé ainsi : « Le » domicile d'un Français est le lieu où il a son princi- » pal établissement. »

Le CONSUL CAMBACÉRÈS partage cette opinion; il dit que l'exercice des droits politiques étant un des caractères du principal établissement, ce caractère sera appliqué à ceux auxquels il pourra convenir; qu'on déterminera par les autres indices, le domicile de ceux qui ne jouissent pas des droits de cité.

L'article I.er est adopté.

L'article II est également adopté, sauf rédaction, et dans le sens fixé par le Consul *Cambacérès* et par le Ministre de la Justice.

L'article III est soumis à la discussion; il est ainsi conçu :

« Le domicile se formera par l'intention jointe au » fait d'une habitation réelle.

» Il se conservera par la seule intention.

» Il ne changera que par une intention contraire, » jointe au fait de l'habitation réelle.

Le MINISTRE DE LA JUSTICE demande que la loi explique ce qu'elle entend par habitation réelle : il pense qu'il serait nécessaire de ne la réputer constituée qu'après un délai.

Le C. EMMERY dit que les tribunaux ont aussi proposé un délai ; mais que la volonté étant le principal moyen d'établir le domicile, on ne pourrait, sans contrarier la liberté, n'admettre les effets de la volonté qu'après un délai.

Le PREMIER CONSUL voudrait que l'habitation réelle, jointe à l'intention, ne pût changer le domicile que lorsque l'intention aurait été manifestée trois mois d'avance. La possibilité de former brusquement un domicile nouveau, pourrait devenir un moyen de se soustraire à ses créanciers.

Le C. EMMERY dit que cette opinion ramène à la question de savoir si le domicile doit être constitué par une déclaration. Le domicile dépendant de la volonté, la volonté doit suffire pour le conserver. C'est ainsi qu'on a jugé, au parlement de Paris, qu'un individu absent depuis quarante ans de la ci-devant province d'Anjou où il était né, y avait néanmoins conservé son domicile, parce qu'il avait constamment manifesté, par sa correspondance, l'intention d'y revenir.

Le CONSUL CAMBACÉRÉS dit que l'article est trop absolu ; qu'il est nécessaire de distinguer le domicile de naissance, du domicile de choix ; de régler comment on conservera le premier, et comment on acquerra le second.

Le PREMIER CONSUL dit qu'il n'est pas exact de dire, *le domicile se formera.* Le domicile est formé, de plein droit, par la naissance. C'est dans le lieu où un homme naît qu'est d'abord l'établissement principal auquel l'article précédent attache l'effet de constituer le domicile : il faut donc expliquer, non comment le domicile se forme, mais comment il peut changer. L'article devrait être rédigé dans cet esprit, et contenir une disposition qui déciderait que le domicile ne change que lorsque l'intention de le transférer a été déclarée trois mois d'avance.

Le C. CRETET pense que le délai de trois mois devrait être attaché au fait de la résidence plutôt qu'à la déclaration d'intention.

Le C. REGNIER répond que, dans les questions de domicile, le fait n'est considéré que comme une preuve de l'intention, parce qu'à cet égard la volonté est tout.

On ne pourrait, au surplus, exiger une déclaration d'intention sans gêner considérablement ceux que la nature de leurs affaires, ou des motifs raisonnables et imprévus obligeraient à changer souvent de domicile.

Le PREMIER CONSUL dit qu'on ne pourrait aussi admettre les changemens brusques et fréquens, sans blesser l'intérêt de tiers.

Le C. REGNIER observe que tout changement frauduleux de domicile serait sans effet, parce que la fraude vicie tout acte quelconque.

Le PREMIER CONSUL dit qu'un premier mouvement de volonté n'est qu'un caprice, et qu'on ne peut regarder l'intention comme formée, que lorsqu'elle a été réfléchie, et qu'elle s'est maintenue pendant un temps suffisant, pour qu'on puisse la croire solide ; qu'ainsi on peut l'éprouver par un délai.

Le C. DEFERMON dit que l'intérêt public et l'intérêt de tiers sont des motifs suffisans pour assujettir à des règles les effets du changement de volonté.

Certes, on n'autorisera pas les citoyens à se marier au bout de vingt-quatre heures dans le lieu qu'ils auront déclaré adopter pour leur domicile : cette prohibition peut être étendue à d'autres cas.

Le C. BOULAY dit que c'est dans cette vue qu'on exige *l'habitation réelle*.

Le MINISTRE DE LA JUSTICE dit que le transport de quelques meubles dans le lieu de la nouvelle résidence pourrait être réputé habitation réelle ; qu'il est donc nécessaire de s'exprimer d'une manière plus positive.

Le CONSUL CAMBACÉRÈS dit que, dans cette matière, il est difficile de s'expliquer avec une précision parfaite. D'une part, on n'exigera pas une résidence continue pendant un temps déterminé, comme indice nécessaire de l'habitation réelle ; et, d'un autre côté, il serait difficile d'en trouver un autre. En général, les changemens de domicile, quand ils ne sont pas réels, sont presque toujours frauduleux : tantôt on se propose d'échapper à des créanciers, tantôt de masquer la célébration de son mariage. Mais il y a des dispositions suffisantes pour réprimer la fraude ; et c'est tenter l'impossible que de vouloir trouver des dispositions tellement absolues qu'elles préviennent tous les procès : cette impuissance a d'ailleurs aujourd'hui moins de danger, puisque le domicile n'influe plus sur l'ordre des successions.

Le PREMIER CONSUL dit qu'il est frappé de ce qu'on modifie, par une exception relative au mariage, le principe sur le changement du domicile. Il serait à désirer que la section trouvât le moyen de rendre le principe assez générique pour que cette exception devînt inutile.

Le MINISTRE DE LA JUSTICE objecte, contre l'opinion du Consul *Cambacérés*, que ce n'est pas pour l'intérêt de celui qui change son domicile que l'habitation réelle est exigée, mais pour l'intérêt des tiers : il est donc nécessaire que le tiers soit averti par quelque chose de sensible.

L'article est adopté.

L'article IV est soumis à la discussion ; il est ainsi conçu :

« La preuve de l'intention dépendra des circons-
» tances, si elles sont telles, qu'elles supposent de la
» part de l'individu la volonté de se fixer dans le lieu
» par lui habité. »

Le C. BOULAY demande la suppression de cet article comme inutile, à raison des deux articles suivans.

Le C. EMMERY dit que l'objet de l'article est d'empêcher qu'on ne s'arrête exclusivement aux circonstances énoncées dans les articles V et VI. Il propose de le refondre avec l'article suivant, lequel porte :

« Cette preuve résultera nécessairement d'une décla-
» ration expresse qui aurait été faite au secrétariat de la
» municipalité. »

Le C. BRUNE propose d'expliquer que la déclaration pourra être faite également à la municipalité du domicile qu'on quitte, et à la municipalité du domicile qu'on prend.

Les articles IV et V sont adoptés avec la proposition du C. *Emmery* et l'amendement du C. *Brune*.

On passe à la discussion de l'article VI ; il est ainsi conçu :

« A défaut de déclaration, l'intention sera suffisamment manifestée dans chacun des cas qui suivent :

» 1.° Si l'individu a son habitation dans la commune où il est né ;

» 2.° S'il exerce ses droits politiques dans le lieu où il a son habitation ;

» 3.° S'il y acquitte ses charges personnelles. »

Le C. EMMERY observe qu'on a parlé ailleurs du fait de l'habitation, laquelle est toujours nécessaire ; qu'ici l'on spécifie les indices de l'intention. Cette réflexion répond à l'objection qu'a faite précédemment le C. *Regnaud*, contre la difficulté de préférer un indice à un autre. La circonstance de l'habitation détermine la préférence.

Le PREMIER CONSUL dit qu'en partant du principe que le domicile est là où est l'établissement principal, et que le lieu de la naissance est toujours le lieu du premier établissement, on doit retrancher de l'article ce qui est dit sur le domicile d'origine, et se borner à fixer les indices du changement.

Il convient aussi, si la déclaration d'intention n'est pas forcée, de la remplacer par la nécessité d'une résidence d'un an, appuyée de preuves supplétives de la volonté. La facilité de changer subitement son domicile donnerait lieu à beaucoup de fraudes. On en abuserait même pour se soustraire aux contributions.

Le C. BERLIER dit qu'il est indispensable, pour mettre l'intérêt des tiers à couvert, de ne donner à l'habitation réelle l'effet de changer le domicile qu'après un délai déterminé. Si cette disposition était omise, les créanciers ne sauraient plus où ils doivent intenter leur action : elle ne pourrait être utilement remplacée que par la déclaration forcée. Ces précautions au surplus concilient tout. La liberté est respectée, puisque personne n'est retenu malgré lui au lieu de son domicile actuel ; les droits des tiers sont respectés aussi.

Le C. EMMERY dit que la condition d'un délai sera elle-même une source de contestations : si un individu meurt, avant l'expiration du délai, dans la ville où il veut transporter son domicile, devant quel tribunal actionnera-t-on ses héritiers ?

Le PREMIER CONSUL dit que la succession doit s'ouvrir dans le lieu où l'individu habitait, parce qu'il est utile que ses créanciers puissent agir là où il a ses meubles.

Le C. RÉAL dit que si, jusqu'à l'expiration du délai, un individu demeurait justiciable du tribunal de son ancienne résidence, il faudrait donc actionner à Marseille pour des dettes contractées à Versailles, celui qui aurait transféré de Marseille à Versailles ses meubles et sa résidence dans l'intention d'y établir son domicile.

Le PREMIER CONSUL dit que cet individu aurait son domicile à Versailles, au moment même qu'il y arriverait, parce que, trois mois d'avance, il aurait déclaré qu'il veut l'y transférer.

La question, continue le Consul, se réduit à ces termes : Doit-on permettre de changer de domicile, comme on change de résidence ! Est-ce blesser la liberté que de ne donner d'effet à la volonté de changer de domicile que trois mois après qu'elle est manifestée !

Le C. REGNIER observe que des circonstances qu'on n'a pu prévoir trois mois d'avance, telles que l'ouverture d'une succession, peuvent déterminer une personne à changer de domicile.

Le PREMIER CONSUL dit que si, dans ces cas, la volonté ne peut venir trois mois avant les événemens, le domicile peut ne venir que trois mois après la volonté. La loi ne peut attacher d'effets à cette volonté versatile, qui changerait de domicile, pour ainsi dire, à chaque poste : le domicile est là où se trouve le principal établissement ; et pour se résoudre à le changer, pour effectuer ce changement, il ne faut pas moins de trois mois.

Le C. RÉAL dit que supposer fictivement un homme dans une ville qu'il a quittée, c'est l'obliger à y avoir un fondé de pouvoir, pour empêcher que des jugemens par défaut n'opèrent sa ruine.

Le PREMIER CONSUL dit que c'est précisément parce que cet individu est exposé à des condamnations dans le lieu d'où il sort, qu'il faut y laisser son domicile pendant trois mois après son départ. Cette disposition est indifférente à celui qui n'a pas de dettes. On peut d'ailleurs éviter le déplacement qu'elle entraîne, en faisant sa déclaration trois mois avant de quitter la résidence. Enfin il faut nécessairement ou que le créancier ou que le débiteur se déplace : dans cette alternative, les incommodités du changement doivent tomber sur celui qui l'opère, et qui a pu même par une déclaration les épargner et aux autres et à lui.

Le C. RÉAL dit que le créancier a pu aussi prévoir que son débiteur changerait peut-être de domicile, et prendre ses précautions ; que pour obtenir l'effet qu'on desire, il faudrait que la déclaration fût double, et qu'on la publiât ; que la loi sera d'une exécution difficile à l'égard des personnes qu'elle trouvera déplacées au moment de sa promulgation ; qu'elle ne sera jamais assez précise ; qu'on peut même laisser subsister ce qui existe, puisqu'il n'en est résulté que peu de procès.

Le PREMIER CONSUL dit que rien ne s'oppose à ce qu'on prenne toutes les mesures nécessaires pour assurer l'effet de la déclaration ; qu'une loi sur les questions de domicile est indispensable, puisque les caractères distinctifs du domicile ne sont expliqués par aucune ; que cette loi aura de la précision si elle détermine quel est le domicile primitif, et comment il peut changer ; que l'article proposé laisse subsister de grandes difficultés.

Le C. REGNIER dit qu'il n'y a pas de règles sûres pour juger quand il y a changement de domicile ; qu'il est urgent d'en donner, parce que les tribunaux ne savent comment prononcer sur la validité des assignations, lorsqu'on allègue qu'elles n'ont pas été posées au domicile actuel.

Le PREMIER CONSUL dit que, si l'on croyait inutile d'expliquer comment s'opère le changement de domicile, il suffirait de l'article II.

Le CONSUL CAMBACÉRÈS dit que l'arbitraire du juge est souvent moins à craindre que l'arbitraire de la loi ; et que cette assertion, qui paraît un paradoxe, sera vérifiée dans plusieurs cas.

Le C. REGNIER dit que c'est parce que les questions de domicile dépendent des circonstances, que jusqu'ici l'on n'a pas fait de loi sur cette matière.

Le CONSUL CAMBACÉRÈS dit que l'on pourrait borner le projet de loi aux articles II, III, VII et suivans, et supprimer en entier les articles intermédiaires.

Le C. BIGOT-PRÉAMENEU préfère, pour l'établissement du domicile, une habitation de trois mois à une déclaration d'intention faite trois mois d'avance, parce qu'il peut survenir des raisons justes et imprévues qui déterminent à changer subitement de domicile : l'habitation donne de la notoriété au changement, et laisse aux créanciers le temps de prendre leurs mesures.

Le Consul renvoie à la section les observations qui ont été faites, et la charge de revoir la totalité du Projet.

Les articles non discutés sont ainsi conçus :

Art. VII. « Le domicile de la femme mariée sera » celui du mari.

» Le domicile du mineur non émancipé sera celui » de ses père, mère ou tuteur.

» Le domicile du majeur interdit sera celui de son » tuteur. »

Art. VIII. « Le domicile des majeurs qui servent » ou qui travaillent habituellement chez autrui, sera » celui de la personne qu'ils servent, ou chez laquelle » ils travaillent, lorsqu'ils demeureront avec elle dans » la même maison. »

Art. IX. « L'acceptation de fonctions publiques exi- » geant résidence, conférées à vie et non révocables, » opérera la translation du domicile civil du fonction- » naire, dans le lieu où il doit exercer ses fonctions. »

Art. X. « Le lieu où les successions s'ouvrent, celui » où les exploits non remis à la personne doivent être » adressés, seront déterminés par le domicile civil ; » c'est devant le juge de ce domicile que seront portées » les actions personnelles, lorsque la loi n'en aura pas » autrement disposé. »

Le C. THIBAUDEAU présente à la discussion le titre IV intitulé, *des Absens.*

Il fait lecture du chapitre I.er intitulé, *de l'Absence en général, et de la manière dont elle doit être constatée.*

L'article I.er est discuté; il est ainsi conçu :

« Celui qui, après avoir quitté le lieu de son domi- » cile ou de sa résidence, n'aura point reparu depuis » cinq années, ou dont on n'aura reçu aucune nouvelle » depuis ce temps, pourra être déclaré absent. »

Le C. DEFERMON dit que le délai de cinq ans est

trop long ; qu'il est de l'intérêt de l'absent que l'administration de ses biens ne demeure pas abandonnée pendant un si long espace de temps.

Le C. TRONCHET pense qu'on blesserait au contraire les intérêts de l'absent si l'on abrégeait le délai. Il est dangereux de donner connaissance par un inventaire, à des collatéraux avides, des affaires d'un absent. Les tribunaux ont demandé qui administrera cependant les biens, s'il n'y a pas de fondé de pouvoir. La réponse à cette objection est que la loi protége la propriété des citoyens, mais qu'elle ne dirige pas leurs affaires : elle n'est le tuteur que de ceux qui sont incapables de gouverner leurs biens. L'absent majeur, lorsqu'il ne veille pas à ses intérêts, est, par rapport à la loi, dans le même cas que l'individu présent qui les néglige. Il n'y a qu'une circonstance où la loi doive agir pour lui, c'est lorsque la culture de ses terres demeure abandonnée ; alors les lois de police rurale veulent qu'il y soit pourvu : mais cette disposition n'a pas pour but l'intérêt de l'absent ; elle est fondée sur l'intérêt qu'a la société d'assurer ses propres subsistances.

Le C. REGNIER dit que l'humanité et la justice réclament le secours de la société pour le citoyen dont l'absence est forcée et qui n'a pu prévoir la durée de son éloignement. Il serait trop dur de laisser ses biens à l'abandon. Personne n'en doit avoir la jouissance ; mais on doit veiller à leur conservation.

Le C. RÉAL observe qu'on ne peut pourvoir à l'administration des biens de l'absent immédiatement après son départ ; qu'il faudra laisser écouler un laps de temps, et que, pendant ce délai quelconque, toutes les difficultés qu'on veut prévenir subsisteront. Il est facile à l'absent de pourvoir à la conservation de ses biens en laissant une procuration. Il faut au surplus distinguer entre les biens d'un absent et les biens abandonnés.

Le C. REGNIER dit que, dans l'ancien ordre de choses, le procureur du roi était le défenseur des absens et veillait à leurs intérêts. La loi existe encore, il serait utile d'en répéter ici la disposition.

Le C. TRONCHET dit que le ministère public n'intervenait dans les affaires de l'absent que dans le cas où il lui était échu une succession. L'ordonnance de 1667 avait avec raison supprimé l'usage de donner un curateur à l'absent. Cet usage était dangereux : 1.° parce qu'il nécessitait la confection d'un inventaire qui découvrait le secret de ses affaires ; 2.° parce que les jugemens rendus contre le curateur étant réputés contradictoires et ayant force de chose jugée, il suffisait de corrompre le curateur pour ruiner l'absent.

Le PREMIER CONSUL dit que le mot *reçu* qu'emploie l'article, est trop exclusif : on peut avoir des nouvelles de l'absent, sans les recevoir directement de lui.

L'article est adopté avec le retranchement du mot *reçu*.

L'article II est soumis à la discussion ; il est ainsi conçu :

« L'absence sera constatée par une enquête ordonnée » par le tribunal de première instance de l'arrondisse- » ment où l'absent avait son domicile, et par celui de » l'arrondissement où il avait sa résidence, s'il en avait » une distincte de son domicile. L'enquête sera faite » contradictoirement avec le commissaire du Gouverne- » ment. »

Le CONSUL CAMBACÉRÈS demande par qui l'enquête sera provoquée.

Le C. TRONCHET répond que ce sera par les personnes intéressées qui poursuivront la déclaration d'absence.

Le CONSUL CAMBACÉRÈS demande si la section a entendu accorder aux héritiers d'un degré postérieur le droit de provoquer la déclaration d'absence, lorsque ceux du premier degré négligeraient de le faire.

Le C. TRONCHET répond que ce droit doit appartenir à tout parent, quel que soit son degré.

Le C. BIGOT-PRÉAMENEU propose de fondre l'article V avec l'article II.

L'article et la proposition du C. *Bigot-Préameneu* sont adoptés.

L'article V est ainsi conçu :

« Le jugement qui statuera sur la question d'absence, » sera rendu sur les conclusions du commissaire du Gou- » vernement, sauf l'appel. »

Les articles III et IV sont soumis à la discussion ; ils portent :

Art. III. « Les dernières nouvelles de l'absent doivent » résulter d'actes authentiques ou d'actes privés, signés » de lui ou écrits de sa main, et, en cas de contestation, » vérifiés par experts. »

Art. IV. « L'existence à une époque déterminée, de » l'individu prétendu absent, pourra néanmoins être » constatée par témoins, ou même par la représentation » de lettres écrites par des tiers dignes de foi, et dont » l'écriture pourrait être vérifiée. »

Le PREMIER CONSUL dit que ces articles sont trop précis. Il peut exister une opinion générale et une masse de certitudes qui résultent d'autres circonstances que de celles énoncées dans ces deux articles. Il convient donc de s'abandonner à l'arbitrage du juge.

Le C. PORTALIS observe que le juge n'appelle des témoins que quand la loi l'y autorise ; qu'il est donc nécessaire de lui permettre d'employer tous les moyens qu'il croira propres à opérer la conviction.

Le C. THIBAUDEAU propose de supprimer les deux articles, et de dire que l'absence sera prouvée par une enquête et par les circonstances.

La proposition du C. *Thibaudeau* est adoptée.

L'article VI est soumis à la discussion ; il est ainsi conçu :

« Dans le cas où l'absent n'aura point laissé de pro- » curation pour l'administration de ses biens, ses héritiers » présomptifs pourront, après cinq années révolues de- » puis cette époque, ou depuis les dernières nouvelles, » se faire envoyer en possession provisoire des biens qui » lui appartenaient au jour de son départ. »

Le PREMIER CONSUL pense qu'il conviendrait de faire insérer au bulletin le jugement qui déclare l'absence, et de ne lui donner d'effet qu'après un an. Ces précautions sont nécessaires pour en assurer la notoriété, surtout dans les villes éloignées et peu populeuses, où cependant on peut avoir des nouvelles de l'absent.

Le C. THIBAUDEAU dit que quand les rapports de commerce étaient moins multipliés, les jugemens qui déclaraient l'absence, devaient être entourés de plus de solennité; mais que, dans l'état actuel des choses, il est impossible qu'un absent ne donne pas de ses nouvelles pendant trente ans, s'il existe encore.

Le PREMIER CONSUL dit que l'envoi en possession provisoire accordé aux héritiers, est indispensable; mais qu'il doit être entouré de la plus grande publicité, afin d'éveiller l'attention dans les villes de commerce. Le retour est quelquefois si difficile, qu'il n'est pas permis de négliger les précautions.

Le C. TRONCHET demande si l'on suspendra l'envoi en possession pendant l'année de la publication; ce qui le reculerait à six ans.

Le PREMIER CONSUL dit qu'il tient moins au nombre des années qu'à la grande publicité. Il voudrait que l'enquête fût faite après quatre ans, la publication de l'absence prononcée aussitôt après l'enquête; qu'elle fût ordonnée par le tribunal, et que l'envoi en possession fût accordé un an après.

Le CONSUL CAMBACÉRÈS ne voudrait pas qu'on fût toujours obligé d'attendre l'expiration du premier délai pour prononcer l'envoi en possession. Il est des immeubles qui dépérissent faute d'entretien, comme sont les maisons, les usines. Le Ministre de la Justice pourrait donc faire publier, après deux ans, que tel citoyen est absent et a laissé des propriétés immobiliaires qui se dégradent : ensuite, et après un second délai, on prononcerait l'envoi en possession de ses biens.

La distinction que fait le projet de loi entre l'absent qui a laissé un fondé de pouvoir, et celui qui n'en a pas laissé, est sage. Il en est de même de la disposition qui donne les fruits aux héritiers après dix ans; mais celle qui, après trente ans, leur donne la propriété incommutable, est injuste. A quelque époque qu'un absent se représente, lui ou ses enfans, ils ne doivent pas être expropriés par fin de non-recevoir. Il est d'ailleurs contradictoire de n'admettre qu'après cent ans, la présomption de la mort de l'absent, et de le dépouiller cependant après trente, comme s'il n'existait plus. Le respect dû à la propriété, exige qu'en tout temps l'absent reprenne son patrimoine, mais seulement en l'état où il le trouve, de manière qu'il ne puisse même revenir sur les aliénations qui auraient été faites.

Il est encore une autre question, qu'il sera nécessaire

d'examiner : c'est celle de savoir si la déclaration d'absence donne lieu à l'ouverture du testament.

Le MINISTRE DE LA JUSTICE fait lecture des articles   du Code prussien.

Le C. TRONCHET dit que le système du Code prussien a tous les inconvéniens de cette ancienne jurisprudence, qu'on a sagement réformée, et, en outre, des vices qui lui sont particuliers.

Il est ridicule de déclarer l'absent mort : un absent n'est, aux yeux de la loi, ni mort ni vivant. L'absence peut être une présomption de la mort ; mais hors les cas de fraude, la loi n'admet de certitude que d'après des preuves. Il est également bizarre de faire ensuite revivre celui qu'on a déclaré-mort.

Un principe et plus naturel et plus simple, c'est de regarder la vie et la mort de l'absent comme également incertaines. Tout demandeur doit prouver : or l'héritier de l'absent, ou veut lui succéder, ou veut le faire succéder ; dans le premier cas, il est tenu de prouver que l'absent est mort : dans le second, qu'il vit : dans les deux, il est exclu, jusqu'à ce qu'il ait fait cette preuve. Cependant, comme il est nécessaire de régler le sort des biens qui sont là, et qui forment le patrimoine actuel de l'absent, il faut ou les déclarer vacans, ou les mettre sous le séquestre. Il est utile à l'absent que le séquestre de ses biens soit déféré à ceux qui ont le plus d'intérêt à les conserver : c'est pourquoi, après un certain temps, on accorde l'envoi en possession à ses héritiers. Comme néanmoins l'absent peut avoir négligé de donner de ses nouvelles, et que cette négligence, ainsi que le séquestre, ne doivent pas tourner à sa ruine, on ne laissait autrefois que les fruits aux héritiers, et l'on exigeait d'eux une caution pour toutes les restitutions qu'ils auraient à faire, si l'absent reparaissait.

Cette jurisprudence avait l'inconvénient de faire les

héritiers administrateurs indéfiniment et pour toujours. On y a pourvu, sur-tout à Paris, en leur accordant, après un temps, l'envoi en possession définitive. Cependant l'absent n'était pas privé irrévocablement de ses biens : les héritiers ne possédant que comme dépositaires, ils ne pouvaient changer le titre de leur possession, et devenir propriétaires; d'un autre côté, leur possession n'étant fondée que sur la présomption de la mort de l'absent, et toute présomption cédant aux preuves, les droits des héritiers cessaient nécessairement quand l'absent se représentait. Aussi tous les auteurs s'accordent-ils à dire que les effets de l'envoi en possession définitive sont de décharger la caution fournie par les héritiers, de les autoriser à vendre les biens; mais qu'ils ne les dispensent pas de rendre à l'absent son patrimoine, si l'absent reparaît. Les tribunaux demandent que la possession des héritiers ne soit pas irrévocable, même après cent ans.

Les héritiers n'acquièrent pas d'abord, puisqu'ils ne peuvent prouver que la succession est ouverte ; mais ils acquièrent ensuite par la prescription. Cette voie leur est ouverte, attendu que leur possession est fondée sur un titre légal.

La section ne s'est écartée de la jurisprudence ancienne, beaucoup plus simple et plus naturelle que le Code prussien, que par rapport aux effets de l'envoi en possession définitive. En modifiant son système par les amendemens du Premier Consul et du Consul *Cambacérès*, on le rendra parfaitement exact.

Le PREMIER CONSUL demande si, après l'absence déclarée, on ouvrira le testament.

Le C. TRONCHET dit que comme le provisoire profite à tous ceux qui ont quelque intérêt, le testament de l'absent doit être ouvert aussitôt que l'absence est déclarée ; afin que les légataires jouissent par provision.

Le PREMIER CONSUL demande quels héritiers seront admis à l'envoi en possession provisoire. Seront-ce ceux qui étaient appelés à la succession, au moment où l'individu s'est absenté, ou ceux qui l'étaient au moment du jugement par lequel l'absence a été déclarée ?

Le C. TRONCHET répond que ce seront ceux qui se trouvaient héritiers au moment de l'absence.

Le PREMIER CONSUL demande si cet ordre subsistera même dans le cas où l'on recevrait des renseignemens sur la mort de l'absent, et où l'on saurait qu'elle est arrivée à une époque où il aurait eu d'autres héritiers que ceux qui ont été envoyés en possession provisoire de ses biens.

Le C. TRONCHET répond que l'époque de la mort étant certaine, elle règle l'ordre de la vocation.

Le C. MALEVILLE dit que l'article XV semble exclure l'idée que la succession puisse être ouverte avant cent ans écoulés depuis la naissance de l'absent, si d'ailleurs on n'a pas reçu de nouvelles certaines de sa mort.

Le C. THIBAUDEAU répond que cet article ne pose qu'un principe général pour les cas où il peut avoir son effet ; mais que si on y trouve quelque ambiguité, il est facile de la faire cesser par des explications.

Le PREMIER CONSUL demande si l'on nommera un curateur à l'absent lorsqu'il lui écherra une succession.

Le C. THIBAUDEAU répond que les inconvéniens qui ont fait rejeter en général les curateurs, s'opposent aussi à ce que l'on en nomme dans le cas prévu par le Premier Consul ; que les droits de l'absent, lorsqu'il s'ouvre une succession à son profit, se confondent avec ses autres biens et sont défendus et exercés par ceux qui ont la possession provisoire.

Le C. TRONCHET dit que quand on est certain que l'absent existe, un officier public le représente dans les successions auxquelles il est appelé ; que le Projet pourvoit au cas où l'existence de l'absent est douteuse.

Le PREMIER CONSUL dit qu'il est nécessaire de pourvoir aussi à l'administration des biens avant la déclaration d'absence.

Le C. BIGOT-PRÉAMENEU rend compte de ce qui se pratique aujourd'hui. Ceux qui se trouvent dans la nécessité d'agir contre l'absent non déclaré, ou d'exercer des droits qui leur sont communs avec lui, lui font nommer un curateur spécial. Il en est de même quand il s'ouvre une succession à son profit et qu'aucun fondé de pouvoir ne se présente.

Le C. TRONCHET dit que, dans ce dernier cas, l'absent est représenté par un notaire; qu'au surplus les dispositions sur ces divers points appartiennent à la loi qui sera faite sur les absens connus.

Le PREMIER CONSUL dit que quand un absent a laissé un fondé de pouvoir, tout est terminé, mais que si ce fondé de pouvoir vient à mourir, ou si l'absent étant pauvre, n'a pas donné de procuration, et que cependant il s'ouvre ensuite une succession à son profit, il est nécessaire de donner un administrateur à ses biens.

Le C. CRETET dit que pour rendre la loi précise, il faut établir une distinction entre l'absence présumée et l'absence constatée.

La suite de la discussion est continuée à la prochaine séance.

La Séance est levée.

À PARIS, DE L'IMPRIMERIE DE LA RÉPUBLIQUE.
8 Brumaire an X.

www.ingramcontent.com/pod-product-compliance
Ingram Content Group UK Ltd.
Pitfield, Milton Keynes, MK11 3LW, UK
UKHW021046260726
13994UKWH00005B/2370

9 782329 411668